# 라마는 높은 곳에
# 올라서기를 좋아한다

박성희 시집

시와
사람

라마는 높은 곳에 올라서기를 좋아한다

2023년 8월 20일 인쇄
2023년 8월 30일 발행

지은이 박성희

펴낸이 강경호 편집장 강나루 디자인 정찬애
펴낸곳 도서출판 시와사람
등록 1994년 6월 10일 제 05-01-0155호
주소 광주시 동구 양림로119번길 21-1(학동)
전화 (062)224-5319 E-mail jcapoet@hanmail.net

ISBN 978-89-5665-684-7 03810

값 10,000원

*잘못된 책은 구입하신 서점에서 바꾸어 드립니다.
*지은이와의 협의로 인지를 붙이지 않습니다.
*이 책은 전남문화예술재단기금에서 제작비를 지원받았습니다.

이 도서의 국립중앙도서관 출판예정도서목록(CIP)은
서지정보유통지원시스템 홈페이지(http://seoji.nl.go.kr)와
국가자료종합목록 구축시스템(http://kolis-net.nl.go.kr)에서
이용하실 수 있습니다.

라마는 높은 곳에 올라서기를 좋아한다

■ 시인의 말

시를 써야 할 이유를 알기도 전에
미리 시를 쓰고 있었다

사랑의 정체를 파악하지 못한 계절 앞으로
사랑이라는 감기에 걸려 버렸듯이

사바나 사막에 사는 기린은 외로울 땐
시를 먹는다고 생각하고 싶었다

알 수 없는 길을 떠나는 기린에게
한 끼니의 풀과 바람
믿음과 기도의
대화를 나누고 싶다

2023년 여름, 박성희

라마는 높은 곳에 올라서기를 좋아한다/ 차례



## 제1부 문득, 이라는 이름의 방

## 제3부 유리병 속의 오후 3시

# 제1부

# 문득, 이라는 이름의 방

# 문득, 이라는 이름의 방

풀잎에서 새벽 냄새가 난다 풀잎의 가슴에 귀를 대고 물소리를 따라가 보면 하얀 발을 씻고 있는 백설 공주가 있다

마법을 즐기는 숲속 요정들이 서랍 안에서 잠을 잔다 풀잎들이 피리소리에 맞춰 춤을 추고 울타리를 지키고 있는 키 작은 토끼들의 털빛은 하얗게 부풀어 오른다

물고기가 방 안을 날아다니고 새들은 지붕 위에서 노래를 한다 나는 이상한 나라의 엘리스처럼 작아져 너의 성에 들어가 하늘 언덕에 싹트는 별을 세다가

나비가 되어 문득, 네 얼굴 위에 앉는다

# 괴테의 부활

반짝이는 보석으로 치장을 하고 옆구리에 칼을 찬 괴테가 갑옷을 입고 롯데의 정원에 나타났다

헤어진 애인을 찾는 모습도, 사랑 따위에 목말라 하는 청년의 모습도 아니다

현명함은 실수 뒤에 따라오는 거라며 실수는 박물관 창고에나 있다는 표정

이 도시가 사랑 없이는 살아도 빵 없이는 살 수 없다고 말하는 괴테를 깔금하게 부활시켜 놓은 것, 국적도 고향도 다른 그를 위해 세워둔 동상이 증거이다

어린 연인들을 향하여 사랑은 죽었다며 뛰지 않는 심장을 보여준다

괴테는 달나라에 계수 나무가 없다는 말을 하려고 기회를 엿보고 있는 중이다

# 지구를 줍다

가로수를 거슬러 가는 시립도서관, 길은
입구에 이르러 휘어지고

전자대리점 대형 화면 속으로 삼삼오오
아프리카 아이들이 모여든다

나는 까맣게 맑아지는 아이들의
눈망울을 줍는다

열람실에 앉아 검색창을 열어젖히면
검게 빛나는 수정체 안쪽으로
힘을 모으던 열매들 보인다

클릭 클릭 새들이 근육 없는 아이들의
슬픔을 옮겨 놓는다

화면에선 무성하게 자라 오르던
열대 우림의 숲들이 사라진다

노을 속으로 걸어가는 아이들
장난감 총으로 지구 반대쪽을 향해
구멍을 뚫는다

유리처럼 투명한 두 개의 사막

눈물을 사이에 두고 아이들이 서로
몸을 껴안는다

피할 수 없는 속도로
아이들의 눈동자가 빠르게
다가오고 있다

# 유언

바람에 맞서는 나무는
의연하다

잎 넓은 나무들의 살 부비는 소리에
곁을 내주다가도

제 살을 찔러가며
꼿꼿이 서있는 소나무

기상캐스터가 남해 바다의 파도는 높다고
일러주는 중이다

아버지는 혈관에 링거 줄을 매달고
바람을 잠재우는 중이었다

아버지의 혈관을 타고 흘러나오는
푸르게 솟는 침엽의 말들

다큐멘터리로 바뀐 TV 화면에선
93년을 산 소나무의 삶이
비춰지고 있다

나무는 삶의 전부가 기록이라고
자신을 남겨 놓고 떠나는

소나무 한 그루

## 5월, 그날

눈目 속에서 꽃이 핀다

꽃이 걸어 나온다

꽃이 정의를 외친다

모든 것을 담을 수 있는 눈目

동전 만한 그 속에 한 생애가 있다

눈目 속에 뿌리 내린 명자꽃

해마다 피어난다

5월의 핏발처럼

# 가을 들녘에서

골이 패인 이랑들이
주름처럼 보인다

저 주름들이 씨를 품고
알곡을 키워서

시장한 새와 벌레들을
불러 들였을까

어떤 가락처럼
어떤 어깨춤처럼

내 안에도
주름진 이랑들이 나 있을까

바닷물처럼 살아 꿈틀대는
주름의 계절이 살고 있을까

# 옐로우 피쉬*

화분에 뿌리내린 물고기 한 마리

영원한 이방인

수평선이 보이지 않는 땅속을
바다로 알고 살아가는 옐로우피쉬

바다가 육지여도 육지가 바다여도
상관없는 날들이 우리에겐
찾아오기도 한다

주어진 이름에 맞추어 살다가
주어진 이름으로 남는 것이다

이름을 꽉 쥐고 있는 손등에서
푸른 동맥이 출렁인다

땅속을 헤매는 뿌리에 몰려드는
비릿한 바다 내음

내가 투명해질수록 땅에서 멀어지고
바다가 한뼘씩 다가온다

의심은 최고의 반칙

이름을 배반하지 않는 세계에서
날렵한 지느러미로 세상을 유영하는 나는
옐로우 피쉬

내 몸의 마디마다 피어나는
수많은 나,

화분 안에
노란 금붕어들 가득하다

*관상용 식물의 이름

## 보이지 않는다고 사라지는 것은 아니야

- 더 큰 첨벙*

먼 곳으로 흐르는 물을 모아
수영장을 만들고 등푸른 물고기처럼
떠다니고 싶어

양수가 터지듯 울음이 쏟아져 나올 땐
마당의 고요를 지키는 키 큰 나무에게
배냇짓을 할거야

물질에 따라 변하는 나를
햇살에 반짝이는 나뭇잎처럼 보여줄게

물살을 거슬러오르다 물거품 속으로
숨는 날도 있겠지 다시
물보라를 일으키며 너에게 달려 갈게

보이지 않는다고 다 사라지는 것은 아니야

시집詩集은 꿈을 꾸는 공간,
방은 작고 벽은 투명하고 문은
풀을 향해 열려있어야 해

집과 수영장 사이에 빈 의자를 둬
멀리서 날아 온 새가 쉴 수 있게 하겠어

수영장 끝에는 다이빙대가 있어야 해
내가 즐기는 것은 낙법과 잠수

더 큰 물 속으로 첨벙!

*A Bigger Splash, David Hockney, 1967, 243.9×242.5cm, acrylic on canvas, collection of Tate, London.

# 광양제철 벚꽃나무

쇳물을 마시고

꽃을 피운다

네온이 쏟아지는 터널은

온통 빨갛고

통 속에 갇힌 시간이

깊은 불길 속으로 빠져든다

다가가 셔터를 누르자

비누거품처럼 새 살을 피어내며

그을린 흉터를 가리고 있다

녹슨 쇠붙이들 용광로 안에서 몸을 푼다

오른팔을 잃은 용접공 방씨 아저씨가

불길 속으로 뛰어든다

꽃이 허공 속으로 날아간다

## 하늘 수박

한번도 팔려본 적 없는 하늘수박

좌판에서 말라간다

할머니 목소리가 진보랏빛 가지처럼 캄캄하다

천 원짜리 헌 지폐처럼 꾸깃해진 몸

떨이하지 못한 하늘수박 이고 간다

하늘수박이 그녀의 그림자를 이고 간다

유방암 진단을 받고 한쪽 가슴을 도려낸 날

담장 아래 심은 하늘수박

사라진 가슴이 흙벽에 흔들거렸다

그녀가 할 수 있는 일은 하늘수박을 키우는 일

아니, 하늘수박이 그녀를 키우고 있다

남겨진 한쪽 가슴처럼 누렇게 쭈글거리는 하늘

오늘도 무너져가는 생의 흙벽을

꼬옥 붙들고 있다

# 입석立席의 시간

바람이 칸마다 드나들며
눈인사를 한다

달리는 기차의 흔들거림
그 흔들림에 몸을 기울며

기차가 내는 신음소리를 들어야 한다

문이 열리고
문이 닫히고

덜커덩거리며 힘겹게 나를 끌고 가는 쇳소리

누군가가 내 손목을 잡고
꺼억꺼억 울며 산길을 오르던 기억

의자와 의자를 이어주는 새의 발가락

오르내리며 날아다니는 새의 깃털

할 일 없이 바라보는
만남과 헤어짐의 순간들

엄마의 등에 업힌 아가가 손을 흔드는
아빠를 보며 울음을 떠뜨린다

부재의 시간은 점점 멀어지고

바람이 새의 엉덩이를 들어 올린다

# 라마는 높은 곳에 올라서기를 좋아한다

라마는 마추픽추 계단처럼 층층이 쌓인
여행가방 안에서 나온다

짧은 곱슬머리에 고깔모자
가늘게 땋아 내린 빨강 파랑 노랑 귀밑머리
캄캄한 동굴을 닮은 두 귀는 쫑긋하다

　짐승의 눈은 왜 슬픈가 눈망울을 굴릴 때마다 지나온 산모퉁이와 계곡, 바위 능선이 지나간다 온몸이 글자이며 울음인 그의 눈은 만년설 위에 새겨진 발자국을 기억하고 티티카카 호수의 일렁임을 잊지 못한다 사라진 제국의 비애를 간직한 눈

밤마다 높은 데로 올라가
긴 머리카락으로 별을 만진다

깊은 밤 가슴앓이하며 등을 쓸어내릴 때
지구를 돌아온 낯선 손이
그의 손목을 잡아준다

빈혈처럼 찾아오는 고산의 기억
라마는 산소를 마시듯 별빛을 삼킨다

안데스 산맥을 돌아온 바람이 다시
그를 높은 곳으로
데려갈 것이다

# 적립한다 고로 존재한다

영화를 2번 적립하면 팝콘 1봉지
3번 적립하면 팝콘 1셋트
4번 적립하면 영화 50% 할인권을 받는다

브랜드 데이는 적립이 더블!

국밥 한그릇의 적립이
지구 저쪽 소녀의 느리게 흐르던 피를
콸콸 돌게 한다

거대한 산의 얼굴을 바꾸는
쓰레기 1그램의 그린 포인트 적립

탄소중립 포인트가 아마존 밀림의
나뭇가지를 흔든다 그 나뭇가지에 맺힌 물방울들,
지구에 비를 내리게 한다

비를 맞으면 원시의 여자가 된다

펄떡이는 은빛 물고기를 잡아와
저녁 식탁에 올려놓고
식구들의 저녁을 요리한다

욕망을 적립하는 도시의 불빛에
소녀의 투명한 눈빛과 휘어진 종아리가
적립된다

대양을 돌아온 밀물이 해변의 발목을
적시고 있는 중이다

# 연꽃차

냉동실 속 연꽃 한송이

꽃피울 순간을 기다리고 있다

얼어붙은 하얀 속살

참았던 숨 내뿜으며

한 겹 한 겹 몸을 연다

다비장의 불꽃 춤을 보고 돌아온 날

연꽃 차를 끓여 내어본다

방 안의 공기 출렁거린다

살아나는 향기가 어깨춤을 춘다

# 가두리 양식장

집이 부표다

부표에 몸 기대고 있는 서리꽃

바람을 움켜잡는다

성난 갈매기가 달려들 때마다

파도에 몸을 숨긴다

바다에 세든 3평의 방

해일에 질식할 것만 같다

어둠 속에서만 보이는 노랑 불빛들

풍선처럼 부풀어 오른다

끈으로 엮어진 물속의 집

제2부

# 들판에 섬이 있다

## 들판에 섬이 있다

산으로 솟아났지만 섬으로 살아간다

사철나무가 자라지만
산이 아닌 섬

새소리가 아침을 연다

밀물처럼 왔다가
썰물처럼 사라지는

왜가리 떼의 날개 짓에서

파도 소리가
들려 온다

들판에 살아가는 섬처럼
낯선 도시에서 보냈던 젊은 날 있었다

지금도 어느 들판에는
산으로 태어난

섬이 있다

# 기린과 함께 동거를

도서관에서 만난 기린과 동거를 시도해 본다 그의 등에 올라 키 큰 나무의 순한 잎을 함께 따먹기도 한다 먼 곳을 응시하는 기린과 살다보니 높이 앉은 새의 흉터가 보이기 시작한다

시를 잘 먹어 치우는 기린을 위해 좋아하는 시집의 목록들을 방 안에 펼쳐 놓는다 신간이 풍기는 잉크 냄새가 강물처럼 아름답다

풀냄새 진한 초원을 다녀온 초식의 시로 그의 혀를 유혹한다 기린과 함께 동거를 연장하려 계획을 세우는 중이다

# 분재

철사로 묶어 놓은 소나무 옥죄인 방향을 따라 가지들 꿈틀거린다 햇살까지 비명을 지르며 꺾인다 벗어나고 싶으나 벗어날 수 없다는 걸 알았을 때 소나무는 살을 파고드는 철사 줄을 껴안는다

소나무는 꿈틀거리는 제 가지 끝을 바람이 자는 능선이라고 생각한다 능선을 닮은 어느 가지에서는 산짐승들이 목을 축일 샘물을 더듬기도 한다

불거져 나온 소나무의 근육 위로 개미 한 마리 지나간다 팔부 능선쯤에서 돌연 깎아지른 계곡이 나타난다 허공에 스민 여울 물소리가 칭칭 몸을 감아올린다

나는 왜 여기 서 있지?

# 아버지의 시詩

탱자나무 울타리
가시 면류관을 쓴 집이었지

못을 뺀 자리에서 쇳가루가 나오듯
가시가 박힌 곳마다 글자가 박혀 있었어

눈을 뜨면 가장 먼저 아버지의
글 읽는 소리가 들려 왔었지

아버지의 시詩를 들으며
당신의 정신을 배웠지

배고픔을 잊고 눈이 밝아져 가곤 하였어

아버지는 나의 손을 잡고
광주천 뽕뽕 다리를 건너곤 했어

달빛이 종종걸음으로 뒤따라 왔었지

물소리가 클수록 아버지의 시詩 읊는 소리가
점점 커져서 발밑에 흐르는 물소리가
들리지 않았어

그때 나는, 시詩가 세상을 건너는
다리가 된다고 생각했지

# 불혹

혹! 하지 않는다는 것은 혹! 할 것이 있다는 뜻

불혹이 되니 나를 유혹하는 것들이

혹! 하고 다녔다

# 말의 성찬

헛배만 불러요

그는 흉측하게 커진 배로 먹을 것만 찾으러 다니죠

다른 것에는 관심이 없어요

먹어도 채워지지 않는 마술에 걸린 배

풍선 같은 환타지

부풀어 오른 배로 뒤뚱거리며 걷는 그를 보았어요

딱하고 지루해 보여요

누군가 가슴에 뚫린 구멍을 손가락으로 막았어요

거짓말처럼 배가 고프지 않아요.

# 밥은 먹고 사냐?

홈커밍 데이라며 삼십 년 전에 졸업한 제자들의 초대를 받았다 홀 안에는 중년의 남자들이 갓 뽑아낸 배추나 무처럼 두세두세 서 있었다 잘못 들어섰나 싶어 돌아서려는데 내 손을 잡는 한 사내가 있었다 어떤 기억이 한 줄의 빛보다 빠르게 소환되었다 그 시절 나는 학생들에게 억울하면 공부해라, 공부해서 남 주냐를 점집의 주문처럼 외우던 풋내기 교사였다 녀석은 보란 듯이 S대 법대에 합격했고 교문에 프랑카드를 내걸었다 섬에 사는 그의 아버지는 떡을 한 시루 보내 왔다 그 해 여름, 미문화원 방화사건의 기사를 신문에서 읽었다 하필이면 녀석의 이름 세 글자가 교문 위 펄럭였던 프랑카드 마냥 하늘을 덮고 있었다

"밥은 먹고 사냐?"
그의 얼굴 위로 구절초 꽃 한 송이 피어오른다

# 새의 꿈을 꾸었다

1.

어린 날이었다 감나무에 새 한 마리 살고 있었다 낮이면 새는 허공을 날아다니다 밤이 되면 둥지로 돌아와 잠을 잤다 별이 빛나는 밤이면 새는 잠 못드는 밤이 많았다 가지 위에 둥지만 남겨진 늦가을이 되자 새는 돌아오지 않았다 그때 나는 새가 너무 높은 하늘로 날아가 집으로 돌아오는 길을 잃었다고 생각했다

2.

어른이 되어서 새가 되는 꿈을 꾸곤 했다 높이 날아오를수록 사람들이 작아 보였다 조금씩 더 먼 하늘을 향해 날기 시작하자 사람들이 보이지 않았고 내가 보이지 않았다 가장 높고 멀리 날던 어느 날 내가 살던 집이 보이지 않았다 결국, 나는 어린 날 나의 새 한 마리처럼 집으로 돌아오는 길을 잃고 말았다

## 오래된 피아노

千의 얼굴을 갖고 있는
목소리

작은 두드림에도 반응하는 제스처
가볍게, 무겁게, 느리게, 빠르게, 난폭하게, 부드럽게....

네가 원하는 춤을
언제까지 출 수 있을까

관절이 삐그덕거리기 시작한다

빈 곳과 빈 곳 사이에 놓여 있던
팽팽한 줄이 느슨해 진다

동작들은 굼떠져
'밝고 활기차게'로 올라가는 주문을
'넓고 느리게'로 읽고 만다

목소리 삭아가면서 나를 위해
찾아온 나만의 계정 앞에서

발걸음 뜸한 요즘엔
저녁 햇살이 머물다 간다

이제 나는
조율하지 않아도 된다

# 네 개의 귀를 갖은 식탁

긴 허리를 펴고 날아갈 기세다

다리를 접고 눕는 일도 없다
전생에 큰 새였다가 지구별에 불시착한 동물,
어디를 가든지 중심을 잃지 않는 순한 짐승

배는 늘 비어있으나 배고픈 내색을 않는다

허기진 사람들이 그를 둘러싸고
어깨를 기댄다

세상의 절반은 배고프거나 배부른 사람

가해자와 피해자가 밀고 당기며 조각나는 세상에서
한자리를 지켜낼 수 있는 것은 그가
네 개의 귀를 가졌기 때문이다

귀는 속삭이는 말까지 놓치지 않으려 쫑긋하다
한번 담은 말은 흘러내리지 않아
귀만 불룩해진다

그의 빈 등에 올려지는
한웅큼의 침묵과 한다발의 웃음,

캄캄했던 모서리가 환하다
구석이 걸어 나간다

# 나는 리모콘이다

조정 당하는 걸 자주
거부한다

가까이 다가서는 걸 원치 않을 땐
소리를 질러대는 자동차

소리가 마치 내 몸에서 나오는 것처럼
사람들은 나를 힐끔거리며 지나간다

내 안에서도 가끔
싸이렌이 울리기도 하지

구조요청을 받은 카센타 직원은
제 길을 벗어난 전류가 합선된 거라며
아예 전선을 뽑아버렸다

더 이상 울지 못할 거란다

울 일이 있어도 울지 않을 것이고
울음소리 듣지 못하는 나는
너의 구조 요청도 듣지 못할 것이다

이제, 내가 너의 리모콘이다

# 기도

비내리는 저녁
길을 걷다가 모감주나무 열매를
줍는다

젖은 열매를 따뜻한 아랫목에 말리는데
방안 구석구석을 바라보는 눈동자들

열매로 응축되는 씨방의 긴 침묵

나는 열매 한 개 한 개를
실에 꿰어 묶는다

하나의 울음
또 하나의 슬픔

바람과 햇살과
빗방울이 스며든 발자국들이
환을 만들고

열매들 나의 손목에서
빙글빙글 돌아간다

손바닥을 한 바퀴 돌 때마다
견고한 어깨의 왼쪽이 무너져내리고

살아 숨 쉬는 꿈들이
구름 위로 떠오른다

곧고 투명한 목소리
들려오는 밤

# 샤또 샤스스플린* 와인을 마시는 밤

누구나 두어 개는 갖고 살아

머리핀처럼 꽂고 있기도 하고
목걸이처럼 목에 걸고 다니기도 하지

깊은 밤 혼자서 와인을 잔에 따르면
내 안에 웅크리고 있던 고양이 한 마리가
튀어 나오지

턱수염이 기다란 그와
와인을 주고 받으며

고양이의 거칠어진 손을 만져보고
서로의 발바닥을 비벼도 보지

담력이 커진 고양이가
숲으로 가자고 유혹하네

늪이 들끓고 파충류들이 서식하는
그곳으로 말이야

미래는 그런 데가 더 어울릴지도 몰라

떫은 맛 뒤에 움찔거리는 달콤함에 빠져
나도 고양이도 취하는 시간

그런데도 슬픔이 자꾸만
즐거워지기 시작하는 거야

*샤를 보들레르가 사랑한 와인이다. 와인으로 우울증을 이겨낸 그가 '슬픔이여 안녕'이란 뜻의 샤스스플린을 와이너리에 헌사하면서 그말이 와인의 이름이 되었다.

# 내 마음의 호수

온몸이 눈동자다

개밥바라기 별이 나뭇가지를 스친다

호수가 키우는 것들이 무엇인지 궁금해지는 저녁

물오리 몇 마리 물음표처럼 박혀 있다

달빛이 흔들거릴 때마다

황금빛 지느러미의 물고기 한 마리 다가온다

내 마음의 호숫가에 그 여름이 있다

불덩이 솟아난 자리

# 호롱불

저무는 햇살을 끌어당겨 책을 읽는다 어둠의 기척을 느낀 여섯 살 딸애가 "엄마, 어둡죠? 호롱불이에요."라며 자신의 얼굴이 담긴 나무 사진틀을 책상 위에 올려놓고 돌아선다 심지를 켜지 않았는데 사방이 밝아 온다 어린 딸의 미소가 타오르고 있다 방안의 어둠이 주춤거린다 사진틀을 호롱불이라며 건네준 아이,

어른이 된 딸의 책상 위에 놓인 가족사진
그 아이의 꺼지지 않는 빛이다

제3부

# 유리병 속의 오후 3시

# 새에게 길을 묻다

새들의 날개에 바람이
뿌리를 묻는다

극지에서 떼 지어 날아오는 새들은
서로에게 닿지 않을 만큼의
간격을 유지하는데

그것은 이를테면 인간적인 거리

부딪혀서 상하게 하지 않는
지혜의 너비였다

옹호와 응원의 철학으로
새들은 날아 온다

서로의 어깨와 다리 주무르는
끝없는 나그네 삶

상한 날개가 왜 없을까

길 위에 떨어진
윤기없는 새의 깃털 속

시베리아 강가의 메마른 갈대울음 소리
깃들어 있기도 한다

# 사라진 탑*

슬픔과 분노 원망과 억울함 적개심....

새겨지는 문자들이 무거워 탑은 조금씩
땅속으로 가라앉는다

아우슈비츠 수용소 굴뚝의 검은 연기까지도
잊혀지게 될 것이라며

기억을 탑에 이식한다

아이가 어른이 되는 동안, 탑은
조금씩 땅속으로 사라졌다

탑이 사라진 자리에

라일락 꽃이 피어난다

꽃 냄새와 화약 냄새가 포옹한다

꽃잎이 뺑튀기를 한다

오래 전에 죽은 고양이의 눈은
쥐똥나무의 까만 열매를 닮고

지금 들려오는 침묵은
백 년 전 새의 울음소리

*1986년 독일 하르부르크에 세워진 홀로코스트 기념비로 지금은 땅속에 묻혔다.

# 유리병 속의 오후 3시

- 매실주

세상은 투명한 유리 항아리
벽에 흐르는 햇빛을 핥는다

생의 지류를 따라
천천히 흐르고 싶었던 푸르른 시간들
항아리에 갇혀 있다

바람 없는 나날을 견디기 위해
알코올 함량을 조금씩 높히며

온몸이 꽃이었던 기억을
지우고 있다

출구가 없는 이곳에선
취해야 살 수 있다

알코올에 흠뻑 젖은 몸이
멋지게 우러나는 타이밍

기억이 가물거리는 오후 3시가 되면
탱고 리듬에 맞춰 춤을 추고 싶다

비둘기가 날아가는 산비탈에
꽃비가 내린다

유리 항아리 속
3시의 고비가 지나간다

뚜껑이 열리면 새로 태어날 향기로
초록의 숲속,
되돌아가고 싶다

# 갈망

고장난 악기처럼 누워있는
저수지

현은 끊기고 소리를 품었던 몸통은
뒤틀어지고 있다

넘치고 출렁거려 한 가닥의 줄만 당겨도
상쾌한 음악이었던 날들

제 속에 산과 하늘까지도 마음껏
품었던 날들 있었다

말라붙은 사지에 찾아온 회한

다시 일어날
우기를 기다린다

사람의 날들 속에도
가뭄 드는 때가 있다

하늘을 찢으며 달려 들던
천둥과 우레가 지나간 뒤에야

마른 몸을 적셔주는 빗방울
찾아들던 날, 있기도 하다

# 배알도

오천 년 전

바다로 떠난 새가

낳은 알

해를 맞이하는 천 개의 손

별을 헤는 천 개의 발

비비추가 아침 인사를 하고

수국이 저녁 안부를 묻는다

뱀처럼 구부러진 길을 품은 알

알을 깨고 나온 천 개의 길

섬마을 처녀와 바다에서 온 총각의

첫 입맞춤

작약꽃 만발한 5월에 날아온

새의 전언傳言

* 광양시 태인동 섬

# 한 쪽 귀가 없는 시간 속에서

시간이 거꾸로 돌아가는
고흥 도자기 박물관

한 쪽 귀가 떨어진 양이 잔은
귀 없는 쪽의 시간을 견디고 있다

비틀어지고 헤진 몸들이
만든 환한 방

빛은 지나간 시간을 쫓고 있다

천년을 건너온 금이 간 항아리에
빛이 스며들면

자색의 목련 꽃잎 피어나고

물고기 두 마리가
하늘을 향해 날아간다

벽 안에 갇힌 구석기시대 남자는
불가마 속에서 그릇을 굽고 있는데

양이 잔은 잃어버린 귀를 찾고 싶어
박물관 밖으로 걸어 나간다

# 장미가 피는 계절

물방울 하나가
큰 바다에 스민다

항아리에는
독버섯이 자라고

어머니는 항아리에 물을 채우면
바다가 될 거라고 했다

이끼처럼 자라는
어머니의 말

별이 색종이 조각처럼
떠다니는 밤, 나는 잃어버린
어머니를 찾고 있다

골목길을 걷는 새벽
나무가 바람에 넘어진다

담장 밖으로 고개 내민 장미 한 송이
텅 빈 가슴에 꽂아 본다

오래 전부터 나를 부르던 향기
어머니의 목소리 들려온다

# 해송

내 뼈를 빠져나가는 바람이
휘어진다

안으로 휘인 뼈를 벌려
갯벌을 안는다

뻘 묻은
햇살이 내린다

꼬막을 캐는 아낙들
이마에 까칠까칠한
별이 돋는다

등을 따라 시큰하게 굽이치는 하늘
날이 저물고

허리 굽정한 풀들이
허리를 펴는 동안
해가 진다

붉은 칠성초들이 안개 속에서
지붕마다 소금냄새를
풀어 놓는다

물새 한 마리
곰솔 둥지에 앉는다

가지마다 꿈틀꿈틀
어둠 속에 길을 트고 있다

## 비밀의 화원

비 내리는 오후
엄마와 아가가 제비꽃 같은
웃음을 흘리며 지나간다

물소리 바람소리 발자국소리 모아
정원을 만들고

마른 땅에 뿌려진 씨앗

흙이 제 살을 열어
씨앗을 안을 때
지구의 회전이 잠시 뒤틀린다

돌부리에 채인 물소리가
물고기 비늘처럼 반짝이는 시간

씨앗을 심는 일은
황홀한 고백을 기다리는 일

절망이 희망에게 자리를 내주길
바라는 자리

아가의 눈동자가
햇살을 머금은 씨앗처럼
환하다

# 11월의 장미

마른기침 소리 들려온다

시든 장미 한 송이 녹이 스는가 보다

성당 담벼락 그늘진 곳

때 아닌 장미꽃이 피었다

끝이 어딘지도 모르면서 담을 넘고 싶은가 보다

봉쇄 수녀원의 기도문 같은 살을 파고드는 가시

잦아 들어가는 제 안의 숨소리에 놀라

몸을 말아 웅크린다

더는 견디지 못해 땅 위로 부서져 내린다

오늘은 아네스 수녀님의 장례식 날

장미꽃 속에서 종소리 울린다

# 하늘호수와 바위구절초 관계

꺼지지 않은 불씨 다스릴 길 없어 바위를 깨고 솟아난 자리 그 아래 맑은 하늘 담은 호수

아홉 마디로 접은 키 사자의 갈기처럼 헤진 몸 높은 데서 낮은 데로 낮은 데서 높은 데로 엇갈리는,

사랑

# 시를 훔치다

키 작은 민들레는
허기가 피어낸 욕망

나는 허기를 따라 도둑고양이처럼
강가를 어슬렁거리다가

죽은 시인을 생각하고
시를 훔치러 간다

비둘기 똥을 머리에 이고
정원의 돌이 되어
도둑을 맞이하는 시인

자물쇠로 굳게 채워진 장식장 안에서
그의 시가 네바강의 검은 물결처럼
출렁거린다

사랑하는 여자를 위해 필요했던 총은
유리벽 안에서 누굴 지키고 있나

서로 노려보는
유리벽의 안과 밖

나는 빈방들을 빙글빙글 돌다가
사람들의 눈을 피해
구석으로 숨는다

시인이 즐겨 불렀던 노래가
벽 틈에서 새고 있다

세상이 그대를 속일지라도
슬퍼하거나 노하지 말라*

*푸쉬킨의 시

## 기억의 밀서

해당화가 펌프질을 도와주고
호두나무가 어딘가로 보낼 기별을
모으는 중이었다

작은 집 지붕 위엔 꽃들이 피어나서
마당을 환하게 늘여 주었다

소녀는 이제 방문을 잠그기 시작하였다
단풍나무가 쳐들어 올 거라는 소문이
돌아 다녔다

엄마는 감꽃으로 엮은 목걸이를 걸어주고
아버지가 만들어준 그네를 밀며
내 몸 속으로 곧
달이 찾아올 거라고 하였다

그네를 타면 볼 수 있었던 담장 너머가
지워져가기 시작하였다

어느 겨울 깨어지는 유리창 소리를 내며
붉은 달이 도착했고

방문 밖으로 단풍나무 그림자가
지나가고 있었다

찬물에 세수를 하면 아침이
박하 사탕처럼 환했다

## 백두산 천지

가까운 길을 두고 망설인다

나뭇잎을 타고 에둘러 흘러가는 뗏목
옥수수 막걸리에 취하는 강물소리

저문 강 너머에서 피어나는
두고 온 것들의 숨소리

안개가 수시로 가두었다 풀어놓은 산정

봉오리와 봉오리 사이
보이다 사라지고 사라지다 보이는
큰 눈물 방울,

다가설 수 없는 높은 벼랑 끝
천지 목욕탕

어디에서 와 구름을 불러
푸른 멍울을 풀어 놓는가

# 춘설

지키지 못한 약속이 눈덩이처럼 쌓였다 고립은 두터운 외투를 걸치고 서로를 모른 척했다 모두 눈 때문이라며 핑계를 댔고 우리는 좀 더 거리가 필요하다는 것을 알았다

눈 속에서 복수초가 머리를 내밀고 웃는다

제4부

# 가을에는 채무자가 된다

# 사막 1

기회를 놓친 사람들이
사막으로 밀려나 식은 빵을 먹고
수태차를 마신다

허기진 배가 달처럼 부풀어 오르다가
마른 나무처럼 홀쭉해진다

벽마다 박제된 양들이 걸린 식당

계산대에선 뿔만 비정상적으로 크게 자란 양이
밥값을 받는다

산 자는 죽은 자들에게
빚진 생이 있다는 듯이

사라진 것들이 몸통을 불리며 다가오고
살아있는 것들은 야위워지게 하는 밤

잠을 잃은 수많은 별들로 인해
사막의 밤은 결코, 언제나 환하다

사막에게로 가까워질수록 별은
빛난다

# 사막 2

박피된 짐승의 가죽들이
날아다닌다
말이 모래 언덕을 오르내리며
사람의 무게를 나른다
사람들은 말의 등에 올라 잠을 자고
여기에서는 왠지 목거지들이 멀다
밤이 오면 말은 등에 묻혀진
사람이라는 모래를 털어내기 위해
어둠 속에서 새벽까지
군무를 춘다
말들이 맨 처음 새벽을 맞이한다
사막의 말들은 사람보다
먼 곳을 응시하는 수행자다

## 사막 3

돌탑에 돌멩이를 올리며 모래언덕을 오른다 돌멩이 하나에 소원 하나씩을 올린다 소원은 이루기 위해서가 아니라 버리기 위해 있음을 사막에 오면 알게 된다

소원들이 빠져나간 몸은 가볍다
더 이상의 바램이 없어지면 나타나는 사원,
멀리 보이는 돌탑들이 모래알처럼 작다

사원 안에는 눈이 세 개 달린 여성 수호신이 두 발로 인간을 밟고 있다 그의 이빨은 악마와 싸우다가 그 악마와 사랑에 빠져 낳은 아기를 힘껏 물고 있다 악마의 씨를 뿌릴까봐 땅에 내려놓지 못한 채

입 안에 번지는 핏빛 저녁노을

# 가방을 맨 할머니

요양원 복도를 서성거리는 할머니
누굴 기다리는가

기다림 없이 복도 끝에 안착한
해피트리는 행복하다

두꺼운 책과 돋보기가 들어있는 가방을
온종일 끌고 다니며
배우지 못한 한을 풀고 있는

가방 없이는 한 발자국도 떼지 못하는
할머니의 어깨가 비좁다

흐트러져버린 만남과 이별
사랑과 미움의 뀔 수 없는 조합

몸으로 글을 읽는
당신의 해독법

문자들의 배열만 보아도
울렁거리는 마음이 가라앉는다지만
글자들은 모두 거꾸로 서있다

글 속의 하얀 여백을 가방에 넣어
메고 다니는 말숙 할머니

# 가을에는 채무자가 된다

쭈굴쭈굴 주름진 논바닥

낯익은 성녀의 얼굴이다 한때

저 얼굴를 닮고 싶었다

지주 집 마름처럼 찾아온 가을

벼 이삭 훑어내리듯 내 몸 훑어내린다

나는 소출을 내지 못한 소작인 되어

빈 곳간 앞 서성거린다

내 것인 양 무상으로 누렸던 것들

햇빛과 그늘

꽃과 열매와 바람

여름이 만들어 낸 모든 것은 빚이었다

나는 낙엽 한 잎도 함부로

밟을 수 없다

# 인동초

- 박경리 선생님

바람에 흔들리는 것은 나뭇잎일 뿐 땅속의 뿌리는 고요하다 어둠을 보듬으며 뚫고 온 걸음마다 글 기둥 하나만 붙들고 왔다 멈출 수 없어 눈먼 말들로 연자매만 돌려온 시간들, 살아있다는 것에 대한 인식 이상의 진실은 없다*
포복하듯 피었다가 진 꽃잎, 강물에 흘러가고 있다

*박경리 수필 「생명의 아픔」 중에서

# 방房

장롱을 버리고 이사를 했다

기울어가는 탑처럼
쌓인 이불들

치매 어머니를 버린 젊은 아들이
빈 벽에 아른거린다

비를 맞고 있는 장롱, 다시
새 집으로 모셔와 물기를 닦는다

아직 젖지 않은 속살

오동나무 꽃을 든 어머니가 다가온다

방이 따뜻해진다

## 사람들
- 복지관에서

1. 손끝으로 읽는 세상

엄,마, 라는 문자가 손가락 끝에 닿자 가슴이 떨려 옵니다
세상은 어두웠으나 젖내음의 기억만은 찾아갈 수 있습니다
보고 싶은 것들 너무 많아 아무 것도 볼 수 없게 되었을까요
엄마에게는 한 번도 묻지 않았던 질문입니다.

2. 말하는 손

나는 손으로 말을 합니다
바람을 닮았습니다
데이지 꽃도 소리 없는 말을 합니다
티비 화면 속에서 발레리나의 말이 보입니다
나도 손가락 끝으로 당신의 몸짓에 화답합니다

3. 굴러가는 발

가로수 사이로 보이는 건너편 상점의 이름들을 빼놓지 않고 읽을 수 있습니다

나의 걸음은 느립니다

꼿꼿한 허리를 앞으로 구부려 나만의 길을 세우는 개척자입니다

바퀴를 보면 굴리고 싶어져 농구를 배우기 시작했습니다

나의 발에서는 한 번도 땀이 나지 않는 수상한 선수가 되었습니다.

# 고해

바람이 성당 마당에 온갖 쓰레기를 부려놓고 떠나간 자리에 루까 신부가 왔다

쓰레기더미 속에서 들리는 아우성 소리

신부는 날마다 쓰레기를 메고 산에 올라가 저수지 옆의 오리나무에 기대어 아침 기도를 한다

비탈길에서 한 생애를 보내는 오리나무, 미끄러지는 봉고차를 온몸으로 막다가 허리가 부러진다

흥건한 4월의 햇살, 성당 마당에 질펀하다

# 가을 엽서

1. 내 안의 붉은 열매

사철나무 울타리 안에 감나무 한 그루 있습니다. 잎사귀가 모조리 떨어져간 감나무는 저 혼자 높습니다. 오늘도 새들은 홍시를 쪼아대다가 마을 쪽으로 날아갑니다. 그때마다 나뭇가지는 부르르 몸을 떱니다. 당신의 얼굴이 가을 하늘처럼 높아집니다. 새들이 남겨 놓은 까치밥이 붉은 심장처럼 매달려 있습니다.

2. 은행나무가 있는 길

봉강 가는 길 초입에는 은행나무들이 도열해 있습니다. 물든다는 것은 하나를 마감하고 다음을 준비하는 것이기도 합니다 은행잎이 노랗게 물든 시간은 한순간입니다. 그 순간은 빛입니다. 우리는 빛으로 한 계절을 살아갑니다. 이제 당신을 완벽하게 잊어야 할 시간이 찾아옵니다.

# 점박이 강아지를 따라간 시간

장미꽃을 머리에 꽂은 소녀가
점박이 강아지를 따라
철길을 건넌다

내딛는 걸음마다 집에서 멀어지고
둘은 한 번도 가지 않았던 곳으로 간다

강아지의 떨어진 목줄이 땅에
선명한 선을 새기고

소녀의 맨발에서
피가 흐른다

소녀를 화성까지 데려다주고
풀린 실타래를 감듯이 한 발 한 발
되돌아가는 강아지

자신의 몸을 떼어놓듯
빈 땅에 점박이 무늬를 새긴다

밤마다 강아지를 부르는 소녀

길들일 수 없는 것들에 대해
생각한다

컹컹거리는 강아지의 울음소리
어둠을 찢고 있다

# 물속의 집

폭우에 떠내려간 집, 물고기의
집이 되었다

물고기들이 식탁에서 밥을 먹고
침대에 올라가 잠을 잔다

젖은 책장을 넘기며
훌쩍거리기도 한다

바이러스에 놀라 도망다니는 인간을 보며
물속의 집이 안전하다고 생각한다

사람들이 지상의 집을 버리고
물속의 집을 구하려 한다

물고기로 변하는 주문을 외우고 있는데

코비드 3차 접종을 강요받는다

집들이 쓸려간 빈터를 지키고 있는
키 큰 나무 한 그루,

새들의 옹아리 소리
품고 있다

# 아가야

새로 나온 풀잎이 묵은 풀잎에 기대듯
내 팔을 베고 누운 아가야

너는 어디에서 왔니

열 달을 내 안에서 살았던
그 훨씬 전에 말이야

네가 꽃이었다면 나는
꽃의 꽃받침이었을 것이고

네가 밤하늘의 작은 별이었다면 나는
먹빛보다 진한 어둠이었을 거다

널 위해 있는 모든 것들

행여나 네게 해가 될까 봐
방안을 떠도는 먼지마저도 다
마셔버리고 싶다

너를 안고 있노라면 아픈 생채기들이
봄눈 녹듯 사라지니

아가야

내가 너를 안고 있는 게 아니라
네가 나를 안고 있는지도 몰라

# 열림에 대한 예찬 닫힘에 관한 고뇌의 세계
## -시집 『라마는 높은 곳에 올라서기를 좋아한다』를 중심으로

나 금 숙
(시인)

### 1. 여성신화의 현대성을 찾아서

이 시집에는 시인이 마주친 꽃들, 산과 들, 동물들과 도시들, 사람들이 지나가고 있다. 아니 살고 있다고 표현하는 게 더 유의미하게 들릴 것 같다.

기록하는 자가 최후에 이기는 자라는 문장을 벽에 새긴 도서관에서 사람들의 저작물에 대하여 생각해 보았던 적이 있었다. 그것은 필자에게도 자유롭지 않았던 '쓰고 싶음'의 무의식에 대한 희미한 해답 같기도 하였다. 무릇 인간의 문명이야말로 기록에서 출발하지 않았을까.

한 사람의 자연인으로서 박성희의 기록 역시 자신이 상관한 문자의 세계를 낳고 있는 셈이다. 시집 『라마는 높은 곳에 올라서기를 좋아한다』는 결국 시인이 기록이라는 줄타기와도 같은 생 체험으로 이루어낸 마음의 세계이다. 그렇게 한 시인의 시집 한 권의 내용과 시편들은 각자의 지점에서 출발하여 사방을 향해 확장되기 시작한 것이다. 때로는 대기를 벗어난 우주적 상상력의 지경을 넘나들고 있음을 바라볼 수 있다.

특히 이 시집의 시들은 한 사물이나 사태에 대한 양가적인 감정을 빠뜨리지 않고 면밀히 기록하는 일에 바쳐져 있음을 느낄 수 있다.

팔림세스트를 통해 기록한다는 의미를 재차 한 번 들여다보면, 양피지 위에 기록된 것을 지우고 다시 쓰는 작업인 팔림세스트는, 밑에 놓여진 원형적인 것과 최초의 것을 찾아 의미를 부여하는 수리공 같은 작업으로 그치는 게 아니었다. 주변의 모든 것 속에 숨어있는 이질적인 시간의 층위를 새겨내고, 현재의 것이든 과거의 것이든 그 어느 것 하나에만 절대적 의미를 부여하려 하지 않은 자세. 팔림세스트에 주목하는 것은 결코 원형 복원으로 이해되어서는 안 되는 점을 부기해 본다. 오히려 이질적인 것들과의 중첩을 통해 원형의 신화를 재건하거나 해체하는 작업으로 이해하는 것이다.

박성희 시인의 시 쓰기 역시 앞서 간 이들이 다룬 다양한 오브제들과 그에 대한 조명들을 완전히 지워내고 없애는 방식 뒤에서, 새로 쓰기와 같은 시작 태도이기 보다는 무수한 의미론의 층위와 바탕 곁에서 자신의 이미지

터치와 입력에 노력을 거듭하는 모습을 보이고 있다.

비 내리는 오후
엄마와 아가가 제비꽃 같은
웃음을 흘리며 지나간다

물소리 바람소리 발자국소리 모아
정원을 만들고

마른 땅에 뿌려진 씨앗

흙이 제 살을 열어
씨앗을 안을 때
지구의 회전이 잠시 뒤틀린다

돌부리에 채인 물소리가
물고기 비늘처럼 반짝이는 시간

씨앗을 심는 일은
황홀한 고백을 기다리는 일

절망이 희망에게 자리를 내주길
바라는 자리

아가의 눈동자가
햇살을 머금은 씨앗처럼
환하다

-「비밀의 화원」 전문

이 시를 읽으면 무엇엔지 젊고 아름다운 모자간의 외출이 떠오른다. 제비꽃 같은 웃음이라니, 그렇게 떠오르는 얼굴들이 누구에게나 있다. 이생에서 아가만큼 예쁜 꽃이 있으랴. 신(神)도 기꺼워서 기웃이 들여다 볼 비밀의 화원에 핀 꽃들은 바로 이 아가들이다.

"마른 땅에 뿌려진 씨앗/ 흙이 제 살을 열어 씨앗을 안을 때" "지구의 회전이 잠시 뒤틀린다". "씨앗을 심는 일은/ 황홀한 고백을 기다리는 일/ 절망이 희망에게 자리를 내주길/ 바라는 자리".

생명의 탄생에 바치는 요긴한 헌사의 자리가 여기에 있다. 박성희 시인의 '열림'의 세계에 대한 천착의 풍경 중의 하나이다. 어디에서나 아가의 눈동자는 햇살을 머금은 씨앗처럼 환하다. 영아 유기, 살해, 학대 등 어두운 뉴스와 세계 최대 인구절벽국가라는 작금의 현실 앞에서, 이 시는 우리로 하여금 희망의 미소를 짓게 만든다. 시인의 시가 지향하는 '열림'의 말들이 현실의 시간과 세계에서도 구현어지는 날들을 시인과 시인과 더불어 기대해 보고 싶은 마음이다.

> 돌탑에 돌멩이를 올리며 모래언덕을 오른다 돌멩이 하나에 소원 하나씩을 올린다 소원은 이루기 위해서가 아니라 버리기 위해 있음을 사막에 오면 알게 된다

소원들이 빠져나간 몸은 가볍다
더 이상의 바램이 없어지면 나타나는 사원,
멀리 보이는 돌탑들이 모래알처럼 작다

사원 안에는 눈이 세 개 달린 여성 수호신이 두 발로
인간을 밟고 있다 그의 이빨은 악마와 싸우다가 그 악
마와 사랑에 빠져 낳은 아기를 힘껏 물고 있다 악마의
씨를 뿌릴까봐 땅에 내려놓지 못한 채

입 안에 번지는 핏빛 저녁노을

-「사막 3」 전문

박성희 시인은 몇 편의 '사막'을 시집 안에 선보이고 있다. 시인이 쓴 많은 가작들이거나 사유의 시편들을 건너뛰어서 굳이 이 시를 서두에 거론하려는 데는 필자 나름의 이유가 있을 것 같다. 이 시에서 박성희 시인이 자신의 시를 통해 주목하는 '열림'과의 대척점에 자리한 '닫힘과 고뇌' 의 모습을 그리고 있어서일 것 같다. 탄생 자체가 불행이거나 비극이라는, 꽤나 긴요하고 급박해 보이는 서사를 굳히며 '사막'은 독자에게로 다가서고 있다.

이 돌탑과 저주받은 사원이 있는 곳은 어디일까? 지도 위의 어느 좌표에 이런 곳이 있어서 듣기만 해도 고통스러운 설화를 낳고 있는 것이다. "괴물들과 싸우는 그는 그가 괴물이 되지 않도록 조심함을 드러낸다. 그 심연을 깊이 들여다본다면, 그 심연도 당신을 깊이 들여다 볼 것만 같다."라는 말을 떠오르게 하는, 이 시의 메타포는 신중하다. 앞의 시에서 '햇살 머금은 씨앗'으로 묘사된 아가는 이 시에서는 저주의 씨가 되어 나타나고 있다. 어쩌다 자기가 제거하려던 악마와 사랑에 빠져버렸는가?

그러나 이것은 우문에 불과할지 모른다. 사랑이란 상황과 조건을 넘어서서 불붙는, 엎질러진 석유 같은 존재이어서, 이 불합리한 결합은 결국 어미의 이빨로 자식을 물고 놓지 못하는 비극으로 치달아 있다. 살면서 불합리한 사랑에 빠져본 이들은 이 장면에서 눈을 떼지 못할 것 같다. 어쩌다 저질러졌지만 피할 수 없었던 죄의 열매를 감추기에 급급한 시간을 지나와 본 이들은 시 속의 여신이 갖는 죄책감을 이해할 수 있을 것이다.

이 잔혹한 운명을 자신의 것으로 삼아 '아모르 파티'라고 외칠 수 있는 뻔뻔한 양심은 말 그대로 악마 외에는 없을 것이다. 하지만 어쩌랴, 그런 악마의 성품이 이미 나약한 우리들 속에 내재해 있는 것을. 이 시에 등장한 악마는 어쩌면 밖의 존재라기보다는 우리들 모두의 속에 내재해 있는 자신의 또 다른 잠재태로 읽어도 무방할 것 같다. 그렇게 박성희의 시집은 이질적인 두 세계의 충돌을 갈파하며 있다.

악한 본성을 내쫓으려다 결국 안이한 타협의 길을 스

스로 택했다면, 벗어나기 위해 몸부림치던 자아는, 또 다른 몹쓸 자아와 하나 되어 기이한 결합체로 나타나고야 만다. 이런 연속적인 상황들이 바로 현대의 '사막'이기도 한 셈이다. 다행인 점은 눈 3개 달린 여성 수호신이 불행한 악마의 씨를 땅에 뿌리지 않기 위해 그 씨앗을 자신의 이빨로 물고 있다. 현대의 운명에 적극적으로 저항하고 있다는 점이다. 이 부분이 또한 박성희 시인이 그려내려는 여성성의 신성과 그 세계에 기초하고 있음을 보여주고 있다.

정신분석학자 진 시노다 볼린에 의하면, 우리 안에는 여러 여신의 원형이 존재 한다고 주장하였는데, 이 시의 여성수호신의 원형은 비교적 찾아보기가 힘든 경우로 나타나고 있다.

남편이나 아버지나 자식에게 함몰되거나 연루되어 신세를 망치는 여신들과는 달리 시 속의 여신은 오직 자기 자신에게 충실해 보인다. 자신의 부조리한 사랑과 신념에 직면해 있는 괴물의 모습이다. 입 안에 피를 머금고서라도 자신의 의지를 포기하지 않는 새롭고 신선한 여성상의 모습을 낳고 있다. 어찌 보면 가장 현대적인 여성상의 구현 같기도 하다.

## 2. 스스로 갇힌 감옥의 아름다움

마른기침 소리 들려온다

시든 장미 한 송이 녹이 스는가 보다

성당 담벼락 그늘진 곳,

때 아닌 장미꽃이 피었다

끝이 어딘지도 모르면서 담을 넘고 싶은가 보다

봉쇄 수녀원의 기도문 같은 살을 파고드는 가시

잦아 들어가는 제 안의 숨소리에 놀라

몸을 말아 웅크린다

더는 견디지 못해 땅 위로 부서져 내린다

오늘은 아네스 수녀님의 장례식 날

장미꽃 속에서 종소리 울린다

-「11월의 장미」 전문

시인의 긍휼한 시선이 가 닿은 소멸의 자리가 있다. 일생을 성당의 담벼락 그늘진 곳에서 조용히 피었던 장미

한 송이가 녹이 슬듯이 쇠하여 지고 있다. 담 밖의 세상 끝을 그도 그리워했을 것이라고 화자는 체감한다. 여기는 봉쇄수도원, 기도문 외는 소리 외에는 담을 넘을 수 없는 곳, 숨소리도 잦아들어가야 하는 고요한 거처다. 자유를 그리는 영혼은 더는 견디지 못해 땅으로 부서져 내린다. 그 스러지는 장미꽃, 아네스 수녀님은 마지막 가시는 길에 종소리로 울리고 있다. 그러나 밖에서 보는 자들에겐 봉쇄수도원이지만 아네스 수녀에게는 보금자리이고 안식처였을 수도 있다. 그 봉쇄가 스스로 걸어 잠근 것일 테니까. 아가서에 보면 "나의 누이 나의 신부는 잠근 동산이요 덮은 우물이요 봉한 샘이로구나"라고 연인을 칭찬하는 아름다운 구절이 있다. 여기서 봉하고 잠근 것은 타인이 아니다. 오직 전체가 아름다운 당신에게 몰두하기 위해, 걸맞기 위해 여인 스스로 순결을 지향하여 자신을 가둔 것이다. 그 경지와 행복은 절대자의 연인, 아네스 수녀 본인만 알 것이다.

그러나 밖에서 몸이 자유로운 화자가 봉쇄된 그녀를 체휼하는 것은 시인 본연의 자비로운 심성이어서 읽는 이를 흐뭇하게 한다. 창조자로서 시인은 스러지는 장미 같은 그녀를 종소리로 부활시킨다. 시인으로서의 지복을 누리는 각별한 장면이다. 시인의 손끝에서 빚어지는 죽음을 거친 재생과 부활은 창세기의 아담의 명명식 이상으로 의미 있는 일이라고 생각한다.

풀잎에서 새벽 냄새가 난다 풀잎의 가슴에 귀를 대고 물소리를 따라가 보면 하얀 발을 씻고 있는 백설 공주가 있다

마법을 즐기는 숲속 요정들이 서랍 안에서 잠을 잔다 풀잎들이 피리소리에 맞춰 춤을 추고 울타리를 지키고 있는 키 작은 토끼들의 털빛은 하얗게 부풀어 오른다

물고기가 방 안을 날아다니고 새들은 지붕 위에서 노래를 한다 나는 이상한 나라의 엘리스처럼 작아져 너의 성에 들어가 하늘 언덕에 싹트는 별을 세다가

나비가 되어 문득, 네 얼굴 위에 앉는다

-「문득, 이라는 이름의 방」 전문

문득, 지나쳐온 시 한 편이 생각나서 이 자리쯤에서 다시 그 작품을 소환해 보기로 한다.

인용 시는 시집의 첫 자리에 놓여있는, 한편으로는 유별난 위치에 자리한 작품이다. 문득이라는 의미를 사전적으로 풀이해 보면, 갑자기 생각이 나서 일으키게 되는 모종의 상태이거나 심리를 가르키는 말이다. 문득은 그러니까 의도하지 않았다가 이루어진 의외의 결과물인 셈이다.

시인은 "풀잎에서 새벽 냄새가" 난다면서, 자신이 직면한 시간대를 역설적으로 은유하며 있다. 한 편의 동화는 그렇게 시작되었다. 새벽의 물소리를 따라가다 보면, 거

기 하얀 발을 씻고 있는 "백설공주"의 영역이 있다. 그 영역 안에서 전개되는 상황일까? "마법을 즐기는 숲속 요정들이 서랍 안에서 잠을 잔다" 문득, 피리를 부는 풀잎들, 새벽을 맞이한 새들. 이들은 당연히 피리소리에 맞추어 춤을 추기 시작한다. 여기까지 따라온 시상의 전개는 일견 깔끔하면서도 경쾌한 주위를 선보이며 있다. "키 작은 토끼들의 털빛"이 "하얗게 부풀어" 오르고 있다는 섬세한 묘사는 왠지 화룡점정의 가경으로 읽혔다. 연이어 나타나는 "방 안"을 날아다니는 물고기, 지붕 위에서 노래하는 새들, 그들로 인하여 시의 화자는 문득, "이상한 나라의 엘리스"로 화하는 마법의 장면을 연출하기에 이른다. 문득, 이상하고 아름다운 상상의 세계가 눈을 한번 깜짝거린 사이에 정면으로 건설되었다. 문득, 시인은 어디에까지 가서 이르려는가. "하늘 언덕에 싹트는 별을 세는" 신화 속의 존재는 아니었을까.

박성희 시인의 시에 출몰하는 예의 '여성성'과 더불어 이 시의 말미에 드러난 "나비가 되어 문득, 네 얼굴 위에" 앉고 싶은 화자의 열망은, 우리가 이미 까마득한 지점에서 잃어버린 원형의 세계, 그 동화의 나라에 대한 천착은 아니었는지. 그렇게 그는 "스스로 갇힌 감옥의 아름다움"에 대하여 노래하는, 어느 실낙원의 "키 작은 토끼"는 아니었는지.

### 3. 침묵하는 존재들이 시인을 만나다

요양원 복도를 서성거리는 할머니
누굴 기다리는가

기다림 없이 복도 끝에 안착한
해피트리는 행복하다

두꺼운 책과 돋보기가 들어있는 가방을
온종일 끌고 다니며
배우지 못한 한을 풀고 있는

가방 없이는 한 발자국도 떼지 못하는
할머니의 어깨가 비좁다

흐트러져버린 만남과 이별
사랑과 미움의 뀔 수 없는 조합

몸으로 글을 읽는
당신의 해독법

문자들의 배열만 보아도
울렁거리는 마음이 가라앉는다지만
글자들은 모두 거꾸로 서있다

글 속의 하얀 여백을 가방에 넣어

메고 다니는 말숙 할머니

-「가방을 멘 할머니」 전문

요양원이라는 닫힌 공간이 우리들 곁으로 바짝 다가온 세월이다. 그곳은 시인의 측은지심이 가 닿은 어쩌면 이 시대 가장 뜨거운 장소이다. 양가 부모님들 중에 누군가 한 분은 이미 들어가 계신 곳. 지금이 아니라면 장차 가야 할 곳. 그 닫힌 공간에 면회하러 드나들다 보면 돌아서 나올 때마다 떨칠 수 없는 죄책감과 비탄이 찾아오기도 한다. 정작 자식들이 몰랐던 부모들의 면목을 거기 근무하는 분들이 더 많이 알고 계실지 모른다.

이 시에서 관찰된 말숙 할머니의 모습도 가족보다는 시설에 계신 분들이 더 많이 보아온 모습으로 그려지고 있다. 말숙 할머니는 공부에 한이 남은 상태로 인식이 고정되셨나 보다. 아마 섬망이나 치매이겠지만 본인은 지금 자신을 공부하는 학생으로 여기고 있다. 책과 돋보기가 든 가방 없이는 한 발자국도 떼지 못하는 할머니의 태도가 보는 이의 마음을 무겁게 한다. 문자들의 배열을 보면 마음이 편해지시는 할머니가 그 좋아하는 공부를 하지 못한 사연의 구구절절이 안타까움에 다름 아니다. 요양시설에 들어가시기 전에 대부분의 가족들은 부모의 생애에 관한 이야기를 듣는 일에 동행했던 기억이 있다. 그러던 어느 날 아쉬운 마음에 오히려 내 쪽에서 무언가를

여줘보면 이미 의사소통이 어려워진 경우도 생겨났다. 글 속의 하얀 여백에 자신을 투영하고 보물인 듯 책을 메고 다니는 할머니는 모든 이의 미래 모습일지 모른다.

필자의 경우 평소에 청소년들에게 관심이 많아 오랫동안 그들을 만나고 멘토 역할을 하는 일을 해오기도 하였다. 하지만 노인 세대에 대해서는 전혀 어두웠던 게 사실이다. 90세 이상 장수하는 분들이 차츰 늘고있는 시대에서 지금은 노인 세대에 대한 관심을 갖지 않으면 안 된다는 사실을 누구나 알고 있다. 그런 점에서 박성희 시인의 이 시는 뚜렷한 '세태시'의 한 편으로 읽혀도 무방할 것 같다.

"영원의 사랑을 받을까, 인간 역사의 첫 페이지에 잉크칠을 할까, 술을 마실까 망설일 때에 당신을 보았습니다."

위의 시를 읽고 불현듯 떠오르는 한용운의 「당신을 보았습니다」 마지막 구절에 불현 듯 오마주하고 싶은 욕구를 느끼고 말았다. "요양원 복도를 걷고 있는 당신 뒤로 나를 보았습니다."

스케치하듯이 미끄러져 가는 언술을 통해 이루어진 이 시의 내용에는, 누구인들 피해갈 수 없는, 노후에 대한 생의 영상의 한 부분을 거울처럼 비치며 보여주고 있다.

라마는 마추픽추 계단처럼 층층이 쌓인
여행가방 안에서 나온다

짧은 곱슬머리에 고깔모자
가늘게 땋아 내린 빨강 파랑 노랑 귀밑머리
캄캄한 동굴을 닮은 두 귀는 쫑긋하다

짐승의 눈은 왜 슬픈가 눈망울을 굴릴 때마다 지나온 산모퉁이와 계곡, 바위 능선이 지나간다 온몸이 글자이며 울음인 그의 눈은 만년설 위에 새겨진 발자국을 기억하고 티티카카 호수의 일렁임을 잊지 못한다 사라진 제국의 비애를 간직한 눈

밤마다 높은 데로 올라가
긴 머리카락으로 별을 만진다

깊은 밤 가슴앓이하며 등을 쓸어내릴 때
지구를 돌아온 낯선 손이
그의 손목을 잡아준다

빈혈처럼 찾아오는 고산의 기억
라마는 산소를 마시듯 별빛을 삼킨다

안데스 산맥을 돌아온 바람이 다시
그를 높은 곳으로
데려갈 것이다

-「라마는 높은 곳에 올라서기를 좋아한다」 전문

시집의 표제작이기도 한 「라마는 높은 곳에 올라서기를 좋아한다」에 중첩된 박성희 시 세계를 이번에는 좀 더 세심한 눈길로 살피기로 한다. 우연한 기회를 통해 얻어진 라마 인형의 존재를 통해, 시인의 시적 상상력은 살아있는 라마의 등 너머에 현현하는 중이다. 이는 제국의 울음을 듣는 장면으로 이행되고 있다.

라마는 그렇게 안데스 산맥에 살고 있지 않는다. 관광객의 여행가방 속에 짧은 곱슬머리에 고깔모자, 가늘게 땋아 내린 색색의 귀밑머리로 생령하고 있다. 라마의 눈망울에는 그와 그 선조가 지나온 산모퉁이와 계곡, 바위능선, 만년설이 지나간다. 그의 온몸이 사라진 제국의 기록이며 울음이다. 라마의 혼은 밤마다 높은 곳으로 올라간다. 별을 만지며 고산의 기억을 반추하며 별빛을 삼킨다. 안데스 산맥을 돌아온 바람이 라마를 그 옛적 그 시절로 데려다 줄까?

고향도 이웃도 잃어버린 라마는 덧없이 스러져간 제국의 표상이다. 영구불변인 안데스 산맥에 깃든 영령이기도 한 바람이 라마를 높은 산으로 다시 되돌려줄 것을 바라는 시인의 기원은, 우주가 친구로서 친구를 껴안음이 무엇인지를 묘파하는데 바쳐져 있다. 기실 아름다운 상상력의 어떤 높이를 유감없이 드러내며 있다.

그렇게 "완성된 우주는 단 하나의 완전한 연인을 갖는데 그 연인은 가장 위대한 시인"이라는 휘트먼의 『풀잎』 초판본 서문처럼, 시인이 말하기 전에는 침묵하던 많은 존재들이 시 속에서 각자 자신을 통해 말하기 시작한다. 단지 인형이었던 라마는 그래서 사라진 제국을 말하는 위치에서 자신의 말을 하는 중이다. 이 시의 '라마'를 통해서 시인도 독자도 되찾을 수 없는, 혹은 다다를 수 없는 지순하거나 지고한 것에 대한 향수를 보존하게 되기에 까지 이를지 모를 일이다.

> 도서관에서 만난 기린과 동거를 시도해 본다 그의 등에 올라 키 큰 나무의 순한 잎을 함께 따먹기도 한다 먼 곳을 응시하는 기린과 살다보니 높이 앉은 새의 흉터가 보이기 시작한다
>
> 시를 잘 먹어 치우는 기린을 위해 좋아하는 시집의 목록들을 방 안에 펼쳐 놓는다 신간이 풍기는 잉크 냄새가 강물처럼 아름답다
>
> 풀냄새 진한 초원을 다녀온 초식의 시로 그의 혀를 유혹한다 기린과 함께 동거를 연장하려 계획을 세우는 중이다.
>
> -「기린과 함께 동거를」 전문

거의 모든 시집들에는 자신의 '시론'을 표방하거나 시가 재제가 되어 쓰여진 시편이 자리한다. 이 시집의 경우

역시 이 작품을 통해 화자의 시에 관한 "시"의 열망이 제 모습을 보이고 있다.

도서관에서 만난 기린은, 화자에게로는 시의 마중물로 다가온 타인의 시집이던가 관련서적 등 사유의 촉매제 같은 것으로도 짐작할 수 있을 것 같다. 한편으론 "시를 잘 먹어 치우는 기린"으로 보아서는, 기린은 자신의 분신일 수 있어 보였다. 하여간 "초원을 다녀온 초식의 시"로 기린의 "혀"를 유혹하는 화자의 상상력은 꽤나 그윽하고 이채로웠다. 기린과 동거하는 박성희 시인의 시에 대한 열망이, "기린과 함께 키 큰 나무의 순한 잎을 따먹는" 결정적인 순간으로 이어져, 기린과의 동거 계약이거나 갱신이 평생 동안 이어질 수 있기를 바라기로 한다. 시인이 불러낸 시로 쓴 시의 한 편이 여기에 놓여 있다.

모든 시는 자기 자신에 대한 노래인 동시에 수많은 다른 존재들에 대한 노래들이다. 자신의 거처에서 어떻게 존재했는가? 혹은 존재할 수 있을 것인가? 에 대한 묘사이자 기록임에 틀림이 없다. 그 존재양식은 그 처소가 어디든 원초적인 제 모습 그대로 편재하지만, 그 보편성 속에 박성희 시인의 자아와 개성이 무한히 열려있음을 확인시켜 주고 있다 그렇게 시인의 시들을 즐겁게 감상하였다. 열려있음은 대상과의 새로운 호응으로 인해 언제든지 변화무쌍하게 바뀌어 질 수 있는 변모의 가능성 역시

가지고 있다.

'어디에나 있는 당신'에게로 열려 있지만 '닫힘'의 경계 역시 같은 질량의 연민과 고뇌로 대응하는 시인의 자세가, 다음의 그의 시 세계로의 이행에 기대를 갖게 한다.

지금까지의 발자국과 통로가 훨씬 다양하고 풍성해질 것을 믿으며 박성희 시인의 시들이 그  열림에 관한 예찬의 노래였음과 더불어 폐쇄되었거나 파괴된 세계에 관한 고뇌였을 거라는 관점에서, 미욱하게나마 이 시집의 면면을 파악하여 보았음을 부기하면서 졸고를 마치기로 한다.